훈민정음
경필쓰기

8·7·6급

박재성 엮음

사단법인 훈민정음기념사업회 인증

가나북스

훈민정음 경필쓰기(8·7·6급)

초판 발행일 | 2024년 1월 30일

지 은 이 | (사)훈민정음기념사업회 인증 / 박재성 엮음
발 행 인 | 배수현
디 자 인 | 김미혜
책임감수 | 김동연
감수위원 | 김노성 박남숙 이수용
편집위원 | 김보영 박화연 홍수연

펴 낸 곳 | 가나북스 www.gnbooks.co.kr
출판등록 | 제393-2009-000012호
주   소 | 경기도 파주시 율곡로 1406
문   의 | (031)959-8833
팩   스 | (031)959-8834

ISBN | 979-11-6446-090-8(13700)

머리말

훈민정음은 대한국인에게 주신 영원한 최고의 선물

사람은 글씨를 통해 마음을 표현하므로 글씨는 마음을 전달하는 수레라고 할 수 있습니다. 따라서 '마음이 바르면 글씨도 바르다[心正則筆正]'라고 합니다. 오만 원권 지폐에서 우리에게 낯익은 신사임당이 만 원권 지폐에서도 만날 수 있는 이율곡에게 전한 말입니다.

예로부터 글씨는 그 사람의 상태를 대변한다고 합니다. 올바른 몸가짐, 겸손하고 정직한 말씨, 바른 글씨체, 공정한 판단력이라는 「신언서판(身言書判)」은 글씨로 마음을 다스릴 수 있는 사람에게 나랏일을 맡겼다는 의미입니다. 그래서 글씨는 의사소통의 도구라고 표현하는데, 우리는 의사소통의 도구 중에 가장 쉽고 간략하여 효과적으로 의사 표현을 할 수 있는 훈민정음을 가지고 있으므로 세계인이 부러워하는 특별한 방법을 갖고 있습니다.

그런데 현대인은 스마트폰과 컴퓨터 생활로 글씨를 쓰는 기회가 점점 사라지고 키보드로 글을 치게 됩니다. 이것은 지구상에 존재하는 생명체 중에 인간만이 누릴 수 있는 글씨 쓰는 특권을 포기하는 것과 마찬가지입니다. 키보드와 마우스가 대세인 젊은 세대일수록 손으로 글씨를 많이 써야 하는 이유이기도 합니다.

이제부터라도 세계인류문화유산인 『훈민정음』을 대한국인이라면 반드시 한 번쯤 직접 써보고 세계 최고의 문자 훈민정음을 보유한 후예로서 자긍심을 가져야 할 것입니다.

훈민정음 창제 580(2024년)

엮은이 **박재성**

글씨 쓰기의 기본 _____

1. 경필(硬단단할 경 · 筆붓 필)

　뾰족한 끝을 반으로 가른 얇은 쇠붙이로 만든 촉을 대에 꽂아 잉크를 찍어서 글씨를 쓰는 도구라는 뜻이지만, 동양의 대표적인 필기구인 붓이 부드러운 털로 이루어졌다는 뜻에 대해서 단단한 재료로 만들어진 글씨 쓰는 도구란 의미로 펜, 연필, 철필, 만년필 등을 이른다.

2. 글씨를 잘 쓰는 방법

　1) 바른 자세로 글씨 쓰는 습관을 길러야 한다.

　2) 경필 글씨 공부는 되도록이면 연필로 쓰는 것이 좋다.

　3) 글자의 비율을 맞추면서 크게 써보는 것이 좋다.

　4) 모범 글씨를 보고 똑같이 써보려고 노력한다.

　5) 반복해서 자꾸 써보는 노력이 가장 중요하다.

3. 펜을 잡는 요령

1) 펜은 펜대 끝에서 1cm가량 되게 잡는 것이 알맞고, 펜대의 경사도는 45~60°만큼 몸쪽으로 기울어지게 잡는 것이 좋다.

2) 펜대를 필요 이상으로 힘주어 잡거나, 펜을 너무 기울이거나 세우면 손가락과 손목이 잘 움직이지 못해 운필이 자유롭지 못하게 된다.

3) 종이 면에 손목을 굳게 붙이면 손가락 끝만으로 쓰게 되므로 손가락 끝이나 손목에 의지하지 말고 팔로 쓰는 듯한 느낌으로 쓴다.

4) 삐침의 요령은 너무 힘을 들이지 않고 가볍게 가지고 자유로이 손을 움직이게 하여야 한다.

5) 반흘림이나 흘림이면 펜대를 점점 높이 잡는 것이 글씨 쓰기 좋다.

이 책의 다섯가지 특징

하나. 훈민정음을 배울 수 있습니다.

이 책은 문화체육관광부 소관 사단법인 훈민정음기념사업회가 『훈민정음』을 바르게 알리기 위해서 심혈을 기울여 현대에 맞게 국민 누구나 쉽게 익힐 수 있도록 편집하였습니다.

둘. 문자 강국의 자긍심을 느낄 수 있습니다.

이 책은 전 세계에 존재하는 70여 개의 문자 중에서 유일하게 창제자 · 창제연도 · 창제원리를 알 수 있는 독창성과 창작성으로 유네스코에 인류문화 유산으로 등재되어 세계에서 가장 우수한 문자로 인정받는 위대한 문자 『훈민정음』을 보유한 문자 강국의 자긍심을 느낄 수 있도록 편집하였습니다.

셋. 훈민정음 해례본에 나온 글자를 익힐 수 있습니다.

이 책은 훈민정음 해례본에 나온 언문글자를 전부 써 볼 수 있도록 편집하였습니다.

넷. 글씨를 예쁘게 쓸 수 있습니다.

이 책은 스마트폰과 컴퓨터 생활로 글씨를 쓰는 기회가 점점 사라지는 현대인에게 마음을 표현할 수 있는 예쁜 글씨를 써볼 수 있도록 편집하였습니다.

다섯. 일석이조의 효과를 얻을 수 있습니다.

이 책은 글씨를 바르게 익히는 것은 물론, 사단법인 훈민정음기념사업회가 시행하는 〈훈민정음 경필쓰기 검정〉 8급이나 7급 혹은 6급에도 응시할 수 있는 일석이조의 효과를 얻을 수 있도록 편집하였습니다.

목차

훈민정음 경필 쓰기 검정 요강

세계 최고의 문자인 훈민정음을 보유한 문자 강국의 자긍심 계승을 위한 범국민 훈민정음 쓰기 운동으로 《훈민정음 경필 쓰기 검정》을 시행함.

1. 자격명칭 : 훈민정음 경필쓰기 검정
2. 자격종류 : 등록(비공인) 민간자격(제2022-002214호)
3. 자격등급 : 사범, 특급, 1급, 2급, 3급, 4급, 5급, 6급, 7급, 8급
4. 발급기관 : 사단법인 훈민정음기념사업회(문화체육관광부 소관 제2021-0007호)
5. 검정일정 : 매월 실시

검정 응시 접수기간	심사기간	합격자발표	자격증 교부기간
매월 첫째주 월~금	매월 둘째주	매월 셋째주 월	매월 넷째주 월~금

6. 검징방법 : 응시 희망 등급의 『훈민정음경필쓰기』검정용 원고에 경필(펜, 연필, 볼펜 등)으로 써서 (사)훈민정음기념사업회로 우편 혹은 택배로 접수시키면 됨.
7. 응시자격 : • 나이, 학력, 국적, 성별과는 무관하게 누구나 응시 가능.
   • 단, 사범 응시자는 특급 합격자에 한하여 응시할 수 있음.
8. 검정 범위 응시료 및 합격기준 :

급수	검정범위	응시료	합격기준
사범	훈민정음 해례본 전체	55,000원	총점의 70점 이상 취득자
특급	훈민정음 해례본 중 정인지 서문	45,000원	
1급	훈민정음 해례본 중 어제서문과 예의편	35,000원	검정기준 총점의 60점 이상 취득자
2급	훈민정음 언해본 중 예의편	25,000원	
3급	훈민정음 언해본 중 어제서문	20,000원	
4급	옛시조 28개 문장 중에서 응시자가 한 개의 시조를 선택	15,000원	
5급	2,350개의 낱자 중에서 응시자가 200자를 선택하되 중복되지 않은 연속된 글자		
6급	훈민정음 옛글자체 낱말 50개	10,000원	
7급	훈민정음 옛글자체 낱글자 80자		
8급	훈민정음 옛글자체 자모음 28자		

9. 검정기준 : • 쓰기 25점(필기규범 15점, 오자 유무 10점)
   • 필획 25점(필법의 정확성 15점, 필획의 유연성 10점)
   • 결구 25점(균형 15점, 조화 10점)
   • 창의 25점(서체의 창의성 10점, 전체의 통일성 15점)
10. 시상기준 :

시상종류	급수	시상자 선발 기준	시상내용
훈민정음대상	사범에 한함	90점 이상자 중 최고 득점자	매년 1회 훈민정음창제일(1월 28일) 발표하며 훈민정음대상 및 장원급제의 장학금과 장원상 및 아원상, 최고상의 상품은 훈민정음 평가원의 심의를 거쳐 정함.
장원급제	특급에 한함	90점 이상자 중 최고 득점자	
장원	1급	90점 이상자 중 최고 득점자	
아원	2급	90점 이상자 중 최고 득점자	
최고상	1급~8급	85점~89점 득점자 중 최고 득점자	
우수상	1급~8급	80점~84점 득점자 중 최고 득점자	
장려상	1급~8급	75점~79점 득점자 중 최고 득점자	

※ 훈민정음 대상 및 장원급제자의 장학증서와 장학금은 초·중·고생에 한함.

11. 응시회비입금처 : 새마을금고 9002-1998-5051-9(사단법인 훈민정음기념사업회)
12. 응시료 환불 규정 : 1) 접수 기간 내 ~ 접수 마감 후 7일까지 ☞ 100% 환급
   2) 접수 마감 8일 ~ 14일까지 ☞ 50% 환급
   3) 접수 마감 15일 ~ 검정 당일까지 ☞ 환급 불가
13. 검정원고접수처 : (16978) 용인특례시 기흥구 강남동로 6, 401호(그랜드프라자)

문화체육관광부 소관 제2021-0007호
사단법인 훈민정음기념사업회

Tel. 031-287-0225
E-mail : hmju119@naver.com
www.hoonminjeongeum.kr

훈민정음

경필쓰기 기본 학습
8급 자모음 28자 쓰기
7급 낱글자 쓰기
6급 낱말 쓰기

❀ 경필쓰기 기본 학습

1. 점선을 따라 바르게 그어 보세요.

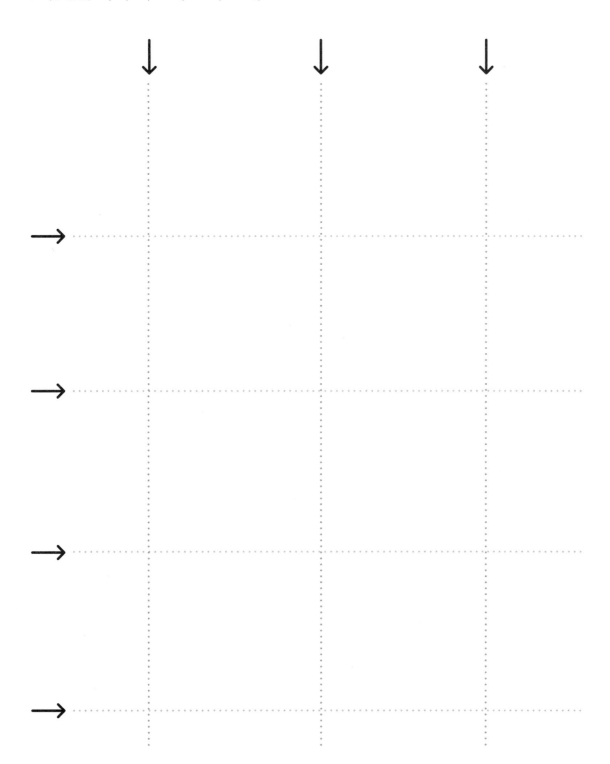

2. 점선을 따라 바르게 그어 보세요.

3. 점선을 따라 바르게 그어 보세요.

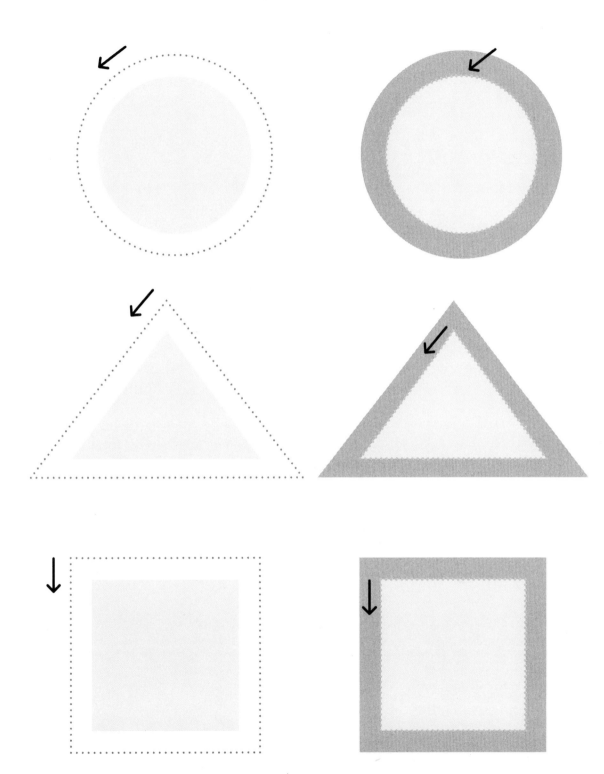

4. 점선을 따라 바르게 그어 보세요.

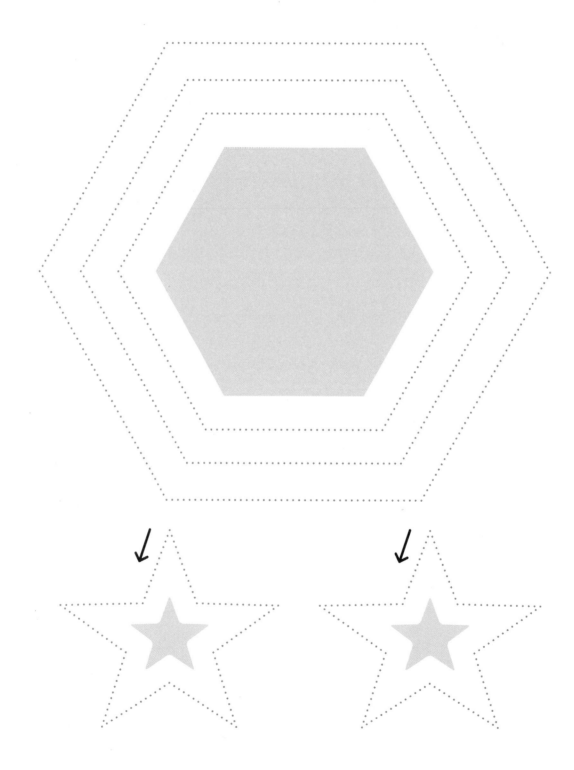

세종대왕께서 창제하신 훈민정음은 세계에서 가장 뛰어난 문자입니다. 세종대왕께서는 자음 17자와 모음 11자 총 28자를 만드셨는데, 현재는 자음 14자와 모음 10자만 사용되고 있습니다.

자음 기본자 'ㄱ', 'ㄴ', 'ㅁ', 'ㅅ', 'ㅇ'은 다른 글자를 만드는 기본이 되는 글자로 발음기관의 모양을 본떠서 만들어졌고, 모음 기본자는 'ㆍ, ㅡ, ㅣ' 세 글자인데 'ㆍ'는 '하늘 [天]', 'ㅡ'는 '땅 [地]', 'ㅣ'는 '사람 [人]'의 모습을 본떠 만들었습니다.

❀ 8급 자모음 28자 쓰기 – 자음 쓰기

ㄱ	'ㄱ'의 이름은 '기역'으로 뿌리가 목구멍을 막는 모양을 본떠서 만든 글자로, 어금니 옆에서 소리가 난다 하여 '엄쏘리'라고 한다.				
	ㄱ	ㄱ	ㄱ		
ㅋ	'ㅋ'의 이름은 '키읔'으로 기본자 'ㄱ'에 획을 하나 더하여 소리가 세어진다는 것을 나타낸 글자이다. 획을 더하는 것을 '가획(加劃)'이라 한다.				
	ㅋ	ㅋ	ㅋ		
ㆁ	'ㆁ'의 이름은 '옛이응'으로 어금니소리 'ㆁ'은 비록 혀뿌리가 목구멍을 닫고 소리 기운이 코로 나오나 그 소리는 'ㅇ' 소리와 비슷하다.				
	ㆁ	ㆁ	ㆁ		

ㄷ	‘ㄷ’의 이름은 ‘디귿’으로 창제 당시의 모양은 위의 가로획의 왼쪽 끝이 튀어나온 모양이었다.					
	ㄷ	ㄷ	ㄷ			
ㅌ	‘ㅌ’의 이름은 ‘티읕’으로 원래 ‘ㄷ’의 가운데에 가로 줄기를 그은 것이었는데 ‘ㄷ’ 위에 가로 줄기 ‘ㅡ’를 붙여 쓴 모습은 1514년부터 보이기 시작한다.					
	ㅌ	ㅌ	ㅌ			
ㄴ	‘ㄴ’의 이름은 ‘니은’으로 혀가 윗잇몸에 닿는 모양을 본떠서 만든 글자로, 혀 옆에서 소리가 난다 하여 ‘혀쏘리’라고 한다.					
	ㄴ	ㄴ	ㄴ			
ㅂ	‘ㅂ’의 이름은 ‘비읍’으로 아래위 입술을 닿아 폐쇄하여 공기의 유통을 일단 완전히 막았다가 터뜨리면서 내는 소리이다.					
	ㅂ	ㅂ	ㅂ			
ㅍ	‘ㅍ’의 이름은 ‘피읖’으로 위와 아래의 가로 줄기와 왼쪽과 오른쪽의 세로 줄기가 모두 수평과 수직으로 가로 줄기와 세로 줄기의 선은 서로 붙어 있었다.					
	ㅍ	ㅍ	ㅍ			

✽ 8급 자모음 28자 쓰기 - 자음 쓰기

口	'ㅁ'의 이름은 '미음'으로 입술의 모양을 본떠서 만든 글자로, '입시울쏘리'라고 한다.
	ㅁ □ □
ㅈ	'ㅈ'의 이름은 '지읒'으로 'ㅈ'은 창제 당시에는 세 개의 줄기로 구성되어 있었다. 즉 가로줄기의 중간에서 왼쪽의 삐침과 오른쪽의 내림으로 시작되었다.
	ㅈ ㅈ ㅈ
ㅊ	'ㅊ'의 이름은 '치읓'으로 'ㅊ'의 변화는 'ㅈ'과 동일하게 일어나고 있다. 단지 'ㅊ'의 꼭짓점은 원래는 위에서 아래로 내리 그어 'ㅈ'자에 붙는 짧은 줄기였다.
	ㅊ ㅊ ㅊ
ㅅ	'ㅅ'의 이름은 '시옷'으로 이의 모양을 본떠서 만든 글자이며, '니쏘리'라고 한다.
	ㅅ ㅅ ㅅ
ㆆ	'ㆆ'의 이름은 '여린 히읗'으로 ㅎ을 거센소리로 보았을 때 ㅎ의 예사소리에 해당하는 위치에 있었다.
	ㆆ ㆆ ㆆ

ㅎ	'ㅎ'의 이름은 '히읗'으로 'ㅡ'에 꼭짓점의 세로 줄기가 서로 붙어 있던 것이다. 목청을 약간 열어 공기의 흐름이 그곳에서 마찰을 일으켜 내는 소리이다.
	ㅎ ㅎ ㅎ
ㅇ	'ㅇ'의 이름은 '이응'으로 목구멍의 모양을 본떠서 만든 글자로, '목구멍쏘리'라고 한다.
	ㅇ ㅇ ㅇ
ㄹ	'ㄹ'의 이름은 '리을'로 혀를 안으로 말아 올려 입천장에 닿을락말락하게 살짝 내는 울림소리이다.
	ㄹ ㄹ ㄹ
△	반치음과 시옷을 합친 '반시옷'을 단순히 △을 이르는 말이다. '반치음'은 '훈민정음'에서 '△'을 이르는 말로 정의하였다.
	△ △ △
•	'아래아'라는 명칭은 오늘날에 ·가 ㅏ와 발음이 같기 때문에 별 수 없이 '아래'를 붙인 명칭이다. 이 아래아에 맞대응하여 그냥 ㅏ는 '위아'라고 부르는 때가 있다.
	• • •

✿ 8급 자모음 28자 쓰기 - 모음 쓰기

一	'一'자는 땅의 평평한 모습을 본따 만들었다.
	一
丨	'丨'자는 사람의 서 있는 모습을 본따 만들었다.
	丨
ㅗ	'·'에 '一'를 더하여 'ㅗ'가 되게 만들었는데, 이것을 초출(初出:처음 만들어진 글자라는 뜻)자라고 한다.
	ㅗ
ㅏ	'丨'에 '·'를 더하여 'ㅏ'가 되게 만들었는데, 이것을 초출(初出:처음 만들어진 글자라는 뜻)자라고 한다.
	ㅏ
ㅜ	'一'에 '·'를 더하여 'ㅜ'가 되게 만들었는데, 이것을 초출(初出:처음 만들어진 글자라는 뜻)자라고 한다.
	ㅜ

ㅓ	'·'에 'ㅣ'를 더하여 'ㅓ'가 되게 만들었는데, 이것을 초출(初出:처음 만들어진 글자라는 뜻)자라고 한다.
	ㅓ ㅓ ㅓ

ㅛ	초출자 'ㅗ'에 '·'를 더하여 'ㅛ'가 되게 만들었는데, 이것을 재출(再出 : 두 번째로 만들어진 글자라는 뜻)자라고 한다.
	ㅛ ㅛ ㅛ

ㅑ	초출자 'ㅏ'에 '·'를 더하여 'ㅑ'가 되게 만들었는데, 이것을 재출(再出 : 두 번째로 만들어진 글자라는 뜻)자라고 한다.
	ㅑ ㅑ ㅑ

ㅠ	초출자 'ㅜ'에 '·'를 더하여 'ㅠ'가 되게 만들었는데, 이것을 재출(再出 : 두 번째로 만들어진 글자라는 뜻)자라고 한다.
	ㅠ ㅠ ㅠ

ㅕ	초출자 'ㅓ'에 '·'를 더하여 'ㅕ'가 되게 만들었는데, 이것을 재출(再出 : 두 번째로 만들어진 글자라는 뜻)자라고 한다.
	ㅕ ㅕ ㅕ

✿ 7급 낱글자 쓰기

군	君(임금 군)	군	군		
군		군			
쾌	快(쾌할 쾌)	쾌	쾌		
쾌		쾌			
뀨	虯(규룡 규)	뀨	뀨		
뀨		뀨			
업	業(업 업)	업	업		
업		업			
튼	呑(삼킬 탄)	튼	튼		
튼		튼			

침	侵(침노할 침)	침	침		
침		침			
즉	即(곧 즉)	즉	즉		
즉		즉			
뽕	洪(큰물 홍) '홍'의 옛 글자	뽕	뽕		
뽕		뽕			
볃	彆(활 뒤틀릴 별) '별'의 옛 글자	볃	볃		
볃		볃			
땀	覃(미칠 담) '담'의 옛 글자	땀	땀		
땀		땀			

❀ 7급 낱글자 쓰기

옷	衣(옷 의)	옷	옷		
옷		옷			
실	絲(실 사)	실	실		
실		실			
따	地(땅 지) '땅'의 옛 글자	따	따		
따		따			
짝	隻(짝 척)의 뜻[훈] '짝'의 옛 글자	짝	짝		
짝		짝			
틈	隙(틈 극)의 뜻[훈] '틈'의 옛 글자	틈	틈		
틈		틈			

혀	舌(혀 설)	혀	혀		
혀		혀			
ᅘᅧ	引(끌 인) '끌다'의 옛 글자	ᅘᅧ	ᅘᅧ		
ᅘᅧ		ᅘᅧ			
과	琴柱(금주) 거문고, 가야금 따위 현악기의 현을 괴는 작은 받침.	과	과		
과		과			
홰	炬(횃불 거) '횃불'의 옛 글자	홰	홰		
홰		홰			
흙	土(흙 토) '흙'의 옛 글자	흙	흙		
흙		흙			

✿ 7급 낱글자 쓰기

낛	釣(낚시 조) '낚시'의 옛 글자	낛	낛			
낛		낛				
활	弓(활 궁)	활	활			
활		활				
돌	石(돌 석)	돌	돌			
돌		돌				
갈	刀(칼 도) '칼'의 옛 글자	갈	갈			
갈		갈				
붇	筆(붓 필) '붓'의 옛 글자	붇	붇			
붇		붇				

긷	柱(기둥 주) '기둥'의 옛 글자	긷	긷		
긷		긷			
녑	脅(옆구리 협) '옆구리'의 옛 글자	녑	녑		
녑		녑			
낟	穀(곡식 곡) '낟알'의 옛 글자	낟	낟		
낟		낟			
깁	繒(비단 증) '비단'의 옛 글자	깁	깁		
깁		깁			
몯	釘(못 정) '못'의 옛 글자	몯	몯		
몯		몯			

❈ 7급 낱글자 쓰기

입	口(입 구)	입	입			
입		입				
감	柿(감나무 시)	감	감			
감		감				
골	蘆(갈대 로) '갈대'의 옛 글자	골	골			
골		골				
콩	大豆(대두) 콩	콩	콩			
콩		콩				
듸	茅(띠 모) '띠'의 옛 글자	듸	듸			
듸		듸				

담	墻(담 장)	담	담		
담		담			
납	猿(원숭이 원) '원숭이'의 옛 글자	납	납		
납		납			
불	臂(팔 비) '팔'의 옛 글자	불	불		
불		불			
벌	蜂(벌 봉)	벌	벌		
벌		벌			
파	蔥(파 총) 푸성귀의 하나	파	파		
파		파			

✿ 7급 낱글자 쓰기

폴	蠅(파리 승) '파리'의 옛 글자	폴	폴			
폴		폴				
뫼	山(뫼 산)	뫼	뫼			
뫼		뫼				
마	薯蕷(서여) 마 또는 산약	마	마			
마		마				
자	尺(자 척)	자	자			
자		자				
체	籭(체 사) 가루·액체 등을 거르는 도구	체	체			
체		체				

✿ 7급 낱글자 쓰기

채	鞭(채찍 편) '채찍'의 옛 글자	채	채		
채		채			
손	手(손 수)	손	손		
손		손			
셤	島(섬 도) '섬'의 옛 글자	셤	셤		
셤		셤			
힘	筋(힘줄 근)	힘	힘		
힘		힘			
툭	頤(턱 이) '턱'의 옛 글자	툭	툭		
툭		툭			

꽃	小豆(소두) '팥'의 옛 글자	꽃	꽃		
꽃		꽃			
믈	水(물 수) '물'의 옛 글자	믈	믈		
믈		믈			
깃	巢(새집 소) '새집'의 옛 글자	깃	깃		
깃		깃			
밀	蠟(밀 랍) 꿀벌의 집을 끓여서 짜 낸 기름	밀	밀		
밀		밀			
피	稷(피 직) 볏과의 한해살이 풀	피	피		
피		피			

키	箕(키 기) 곡식을 까부는데 쓰는 기구	키	키		
키		키			
논	水田(수전)	논	논		
논		논			
톱	鉅(톱 거)	톱	톱		
톱		톱			
밥	飯(밥 반)	밥	밥		
밥		밥			
낟	鎌(낫 겸) '낫'의 옛 글자	낟	낟		
낟		낟			

✿ 7급 낱글자 쓰기

숫	炭(숯 탄)	숫	숫			
숫	'숯'의 옛 글자	숫				
울	籬(울타리 리)	울	울			
울	'울타리'의 옛 글자	울				
널	板(널빤지 판)	널	널			
널	'널빤지'의 옛 글자	널				
죵	奴(종 노)	죵	죵			
죵	'종'의 옛 글자	죵				
쇼	牛(소 우)	쇼	쇼			
쇼	'소'의 옛 글자	쇼				

악	黽䵓(구벽) (두 뿔 달린) 개구리	악	악		
악		악			
쥭	飯粥(반죽) '죽'의 옛 글자	쥭	쥭		
쥭		쥭			
엿	飴餹(이당) 飴(엿 이) / 餹(엿 당)	엿	엿		
엿		엿			
뎔	佛寺(불사) '절'의 옛 글자	뎔	뎔		
뎔		뎔			
벼	稻(벼 도)	벼	벼		
벼		벼			

딕	楮(닥나무 저) '닥나무'의 옛 글자	딕	딕		
딕			딕		
독	甕(독 옹) 술이나 젓을 담는 독	독	독		
독			독		
갇	笠(삿갓 립) '삿갓'의 옛 글자	갇	갇		
갇			갇		
싣	楓(단풍나무 풍) '단풍나무'의 옛 글자	싣	싣		
싣			싣		
신	屨(신 구)	신	신		
신			신		

❀ 7급 낱글자 쓰기

섶	薪(섶나무 신) '섶나무'의 옛 글자	섶	섶			
섶		섶				
굽	蹄(굽 제) 짐승의 발굽	굽	굽			
굽		굽				
범	虎(범 호)	범	범			
범		범				
심	泉(샘 천) '샘'의 옛 글자	심	심			
심		심				
잣	海松(해송) 소나뭇과의 상록 침엽 교목	잣	잣			
잣		잣				

❀ 6급 낱말 쓰기

빗곶		梨花(이화) '배꽃'의 옛 글자	빗곶			
빗곶			빗곶			
괴여		爲我愛人(위아애인) 내가 사랑하는 사람	괴여			
괴여			괴여			
괴 ᅇᅧ		爲人愛我(위인애아) 나를 사랑하는 사람	괴 ᅇᅧ			
괴 ᅇᅧ			괴 ᅇᅧ			
소다		覆物(복물) 물건을 덮다.	소다			
소다			소다			
쏘다		射之(사지) 그것을 쏘다.	쏘다			
쏘다			쏘다			

둙ㅅ 때	酉時(유시) :십이시의 열째시 오후 5시부터 7시	둙ㅅ 때		
둙ㅅ 때		둙ㅅ 때		
사 룸	人(사람 인)	사 룸		
사 룸		사 룸		
우 케	未春稻(미용도) 찧기 위하여 말리는 벼	우 케		
우 케		우 케		
러 울	獺(수달 달) '수달'의 옛 글자	러 울		
러 울		러 울		
서 에	流澌(유시) 얼음이 녹아서 흐름	서 에		
서 에		서 에		

고티	繭(고치 견) '고치'의 옛 글자	고티		
고티		고티		
두텁	蟾蜍(섬서) '두꺼비'의 옛 글자	두텁		
두텁		두텁		
노로	獐(노루 장) '노루'의 옛 글자	노로		
노로		노로		
사비	蝦(새우 하) '새우'의 옛 글자	사비		
사비		사비		
드뵈	瓠(표주박 호) '표주박'의 옛 글자	드뵈		
드뵈		드뵈		

죠히	紙(종이 지) '종이'의 옛 글자	죠히		
죠히		죠히		
부헝	鵂(수리부엉이 휴) '부엉이'의 옛 글자	부헝		
부헝		부헝		
비육	鷄雛(계추) '병아리'의 옛 글자	비육		
비육		비육		
부얌	蛇(뱀 사) '뱀'의 옛 글자	부얌		
부얌		부얌		
무뤼	雹(누리 박) '우박'의 옛 글자	무뤼		
무뤼		무뤼		

어름		氷(얼음 빙) '얼음'의 옛 글자	어름		
어름			어름		
아·ᅀᅮ		弟(아우 제) '아우'의 옛 글자	아·ᅀᅮ		
아·ᅀᅮ			아·ᅀᅮ		
너ᅀᅵ		鴇(능에 보) '능애', '너새'의 옛 글자	너ᅀᅵ		
너ᅀᅵ			너ᅀᅵ		
ᄃᆞ리		橋(다리 교) '다리'의 옛 글자	ᄃᆞ리		
ᄃᆞ리			ᄃᆞ리		
ᄀᆞ래		楸(가래나무 추) '가래'의 옛 글자	ᄀᆞ래		
ᄀᆞ래			ᄀᆞ래		

발	측	跟(발꿈치 근) '발꿈치'의 옛 글자	발	측			
발	측		발	측			
그	력	鴈(기러기 안) '기러기'의 옛 글자	그	력			
그	력		그	력			
드	레	汲器(급기) '두레'의 옛 글자	드	레			
드	레		드	레			
호	미	鉏(호미 서) '호미'의 옛 글자	호	미			
호	미		호	미			
벼	로	硯(벼루 연) '벼루'의 옛 글자	벼	로			
벼	로		벼	로			

✿ 6급 낱말 쓰기

이아		綜(잉아 종) '잉아'의 옛 글자	이아			
이아			이아			
사슴		鹿(사슴 록) '사슴'의 옛 글자	사슴			
사슴			사슴			
누에		蠶(누에 잠)	누에			
누에			누에			
구리		銅(구리 동)	구리			
구리			구리			
브섭		竈(부엌 조) '부엌'의 옛 글자	브섭			
브섭			브섭			

서 리	霜(서리 상)	서 리		
서 리		서 리		
버 들	柳(버들 류)	버 들		
버 들		버 들		
고 욤	標(고욤나무 영)	고 욤		
고 욤		고 욤		
삽 됴	蒼朮菜(창출채) '삽주나물'의 옛 글자	삽 됴		
삽 됴		삽 됴		
남 샹	龜(거북 귀) '거북'의 옛 글자	남 샹		
남 샹		남 샹		

✽ 6급 낱말 쓰기

다야	匜(주전자 이) '주전자'의 옛 글자	다야		
다야		다야		
쟈감	蕎麥皮(교맥피) '메밀'의 껍질	쟈감		
쟈감		쟈감		
율미	薏苡(억이) '율무'의 옛 글자	율미		
율미		율미		
슈룹	雨織(우산) '우산'의 옛 글자	슈룹		
슈룹		슈룹		
츄련	帨(수건 세) '수건'의 옛 글자	츄련		
츄련		츄련		

❀ 6급 낱말 쓰기

굼벙	蠐螬(제조) '굼벵이'의 옛 글자	굼	벙		
굼 벙		굼	벙		
올창	蝌蚪(과두) '올챙이'의 옛 글자	올	창		
올 창		올	창		
영의갗	狐皮(호피) '여우가죽'의 옛 글자				
영 의갗					
못	池(못 지) 물을 모아둔 곳	못	못		
못		못	못		
둘	月(달 월) '달'의 옛 글자	둘	별	星(별 성)	별
둘		둘	별		별

훈민정음 경필쓰기 검정 응시원서

※접수번호		※접수일자	202 년 월 일	
성 명	한글)		한자)	사진 (3×4) * 사범과 특급 응시자는 반드시 첨부
생년월일	년 월 일	성별	□남자 □여자	
연 락 처			* 반드시 연락 가능한 전화번호로 기재하세요	
E-mail				
집 주 소	우)			
응시등급	□사범 □특급 □1급 □2급 □3급 □4급 □5급 □6급 □7급 □8급			
소 속			* 초·중·고 참가자는 학교명과 학년반을 반드시 기록하고, 일반부는 대학명 또는 직업 기재	

위와 같이 사단법인 훈민정음기념사업회가 시행하는

제   회 훈민정음 경필쓰기 검정에 응시하고자 원서를 제출합니다.

20   년   월   일

응시자 :   ㉘

사단
법인 **훈민정음기념사업회** 귀중

훈민정음 경필쓰기 채점표

※응시자는 ＊표시가 된 응시자 성명과 응시등급만 적으세요.

응시자 성명 ＊	응시등급 ＊	수험번호
	급	

분야	심사항목	배정 점수	심사위원별 점수			총점
			(1)	(2)	(3)	
쓰기	필기규범	15				
	오자유무	10				
필획	필법의 정확성	15				
	필획의 유연성	10				
결구	균형	15				
	조화	10				
창의	서체의 창의성	10				
	전체의 통일성	15				
총점		100				

※ 〈쓰기〉분야의 오자유무 심사항목은 각 급수 공히 오자 한 글자 당 1점 감점

	심사위원(1)		심사위원(2)		심사위원(3)		결과
	성명	날인	성명	날인	성명	날인	
확인		㊞		㊞		㊞	

20   년   월   일

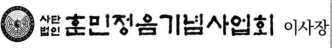

수험번호 :   응시자성명 :

ㄱ	ㅋ	ㆁ	ㄷ	ㅌ
ㄴ	ㅂ	ㅍ	ㅁ	ㅈ
ㅊ	ㅅ	ㆆ	ㅎ	ㅇ

ㄹ	△	·	ㅡ	ㅣ

ㅗ	ㅏ	ㅜ	ㅓ	ㅛ

ㅑ	ㅠ	ㅕ	

성명		생년월일	
		전화번호	

수험번호 :   응시자성명 :

군	쾌	끄	업	튼	침	즉	흥
뺀	땀	옷	실	싸	빡	씀	혀
ㅎㅕ	과	홰	훍	낫	활	돌	갈
분	긷	넙	낟	깁	몯	입	감
글	콩	뒤	담	납	불	벌	파

폴	뫼	마	자	체	채	손	셤
힘	툭	픗	믈	깃	밀	피	키
논	톱	밥	낟	숫	울	닐	죵
쇼	약	죽	엿	뎔	벼	닥	독
갇	싣	신	섭	굽	범	심	잣

성명		생년월일	
		전화번호	

수험번호 :　　　　　　　　　응시자성명 :

빗	곶	괴	여	괴	여	소	다	쏘	다
듧	삐대	사	룸	우	케	러	울	서	에
그	티	듕	텁	노	로	사	빗	드	뵈
죠	히	부	헝	비	육	부	얌	무	뤼
어	름	아	슨	너	쇠	드	리	그	래

발	측	그	력	드	레	호	믜	벼	로
이	아	사	슘	늑	에	구	리	브	섭
서	리	버	들	그	움	삽	됴	남	상
다	야	쟈	감	율	믜	슈	룹	쥬	련
굼	벙	울	창	엿	의	갖	못	돌	별

성명		생년월일	
		전화번호	

世_솅宗_종御_엉製_졩訓_훈民_민正_졍音_흠

[좌측 세로 한자: 世솅宗종御엉製졩訓훈民민正졍音흠]

훈민정음 28자

시 박재성

저 하늘의 별들처럼
수많은 언어 중에
천지만물 모든 이치
완벽하게 담고 있는

평안도 덕화리
고분의 천장 그림
고구려 천문도 속
이십팔개 성좌 담은
훈민정음 스물여덟자

배달민족 하늘 소리
신령스런 소리글자
세종대왕 경천애민
훈민정음 스물여덟자

오백년사 풍파 속에
반치음(ㅿ)과
여린히읗(ㆆ)
아래아(·)와
옛이응(ㆁ)은 사라졌네

삼라만상 모든 소리
일심동체 하늘 소리
대우주 원리 품고
태어난 훈민정음

세계화 물결 속에
사라져간 네 글자
다시 찾아 나서는 건
온갖 소리 쓸 수 있는
창제원리 때문이네